紙譜

王承略　梁宗華　李梅訓　主編

中国教育出版传媒集团
高等教育出版社·北京

文房四譜卷第四

翰林學士蘇　易簡　集

紙譜三

一之叙事

周禮有史官掌邦國大事書於策小事簡牘而已而古又用札釋名云札者櫛也如櫛之比編之也亦策之類也漢興已有幡紙代簡而未通

用至和帝時蔡倫字敬仲用樹皮及敝布魚網
以爲紙奏上帝善其能自是天下咸謂之蔡侯
紙
左伯字子邑漢末益能爲之故蕭子良答王僧
虔書云子邑之紙妍妙輝光仲將之墨一點如
漆
說文云紙者絮一笘也從糸氏聲蓋古人書於
帛故裁其邊幅如絮之一笘也
眞誥云一條有楊掾掾名曦書兩本一黃牋一

碧牋

魏韋誕云蔡邕非紈素不妄下筆

張芝善書寸紙不遺有絹必先書後練

桓玄詔平淮作桃花牋紙及縹綠青赤者蓋今

蜀牋之製也

眞誥云三君多書荊州白牋紙歲月積久首尾

零落或兼缺爛前人糊搨不能悉相連補

釋名曰紙者砥也謂平滑如砥石

幡紙古者以縑帛依書長短隨事截之以代竹

簡也

服虔通俗文曰方絮曰紙字從糸氏無氏下從巾者

桓玄令曰古無紙故用簡非主於恭今諸用簡者宜以黃紙代之

虞豫表云祕府有布紙三萬餘枚不任寫御書乞四百枚付著作吏寫起居注

廣義將軍岷山公以黃紙上表於慕容儁儁曰吾名號未異於前何宜便爾讓令以白紙稱疏

古有藤角紙范甯教云土紙不可作文書皆令用藤角紙古謂紙爲幡亦謂之幅蓋取縑帛之義也自隋唐已降乃謂之枚

魏武令曰自今諸掾屬侍中別駕常於月朔各進得失給紙函各一

張華造博物志成晉武帝賜側理紙萬番南越所貢漢人言陟釐與側理相亂蓋南人以海苔爲紙其理縱橫邪側因以爲名

東觀漢記曰和熹鄧后立時方國貢獻悉令禁絕歲時但供紙墨而已

李陽冰云紙常宜深藏篋笥勿令風日所侵若久露塵埃則枯燥難用矣攻書者宜謹之

墨藪云紙取東陽魚卵虛柔滑淨者

三輔決錄曰韋誕奏蔡邕自矜能書兼明斯喜之法非得紈素不妄下筆工欲善其事必先利其器用張芝筆左伯紙及臣墨皆古法兼此三具又得臣手然後可以盡徑丈之勢方寸之言

晉書爲詔以青紙紫泥

貞觀中始用黃紙寫敕制

高帝上元二年詔曰詔敕施行既爲永式比用
白紙多有蟲蠹宜令今後尚書省頒下諸司諸
州縣並宜用黃紙
歐陽通紙必堅緊白滑者方書之
陶侃獻晉帝牋紙三千枚極妙并墨
東宮舊事皇太子初拜給赤紙縹紅麻紙敕紙
各一百張
雷孔璋曾孫穆之猶有張華與祖書乃桑根紙也
王右軍爲會稽謝公就乞牋筆庫內有九萬枚

悉與之桓宣武云逸少不節

抱朴子曰洪家貧伐薪買紙筆故不得早涉藝文常乏紙每所寫皆反覆有字人少能讀

御史故事云按彈奏白簡爲重黃紙爲輕今一例白紙無其差降矣

古彈文白紙爲重黃紙爲輕故彈王源表云源官品應黃紙臣輒奉白簡以聞矣

國史補云紙之妙者則越之剡藤苔牋蜀之麻面屑骨金花長麻魚子十色牋雲陽州六合牋

蒲州白薄重抄臨川滑薄

唐韋陟書名如五朶雲每以綵牋爲緘題時人譏其奢縱

抱朴子曰吳之杪季有不知五經之名而享儒官之祿不閑尺紙之寒暑而坐著作之地筆不注簡而受駮議之勞

干寶表曰臣前聊欲撰記古今怪異非常之事會聚散逸使自一貫博訪知古者片紙殘行事事各異又乏紙筆或書故紙詔答云今賜紙二

百枚

晉令諸作紙大紙一尺三分長一尺八分聽參作廣一尺四寸小紙廣九寸五分長一尺四寸

石虎詔曰先帝君臨天下黃紙再定至於選舉於銓用爲允可依晉氏九班爲准格

京邦記東宮臣上疏用白紙太子答用青紙

崔瑗與葛元甫書今遂許子十卷貧不及素但以紙爾

徐邈與王珉書東宮臣既黃紙奉表於天朝則

宜白紙上疏於儲宮或説白紙稱表吾謂無此體

山簡表臣父故侍中司徒濤奉先帝手筆青紙詔

二之造

漢初已有幡紙代簡成帝時已有赫蹏書詔應劭曰赫蹏薄小紙也至後漢和帝元興中常侍蔡倫剉故布及魚網樹皮而作之彌工如蒙恬已前已有筆之謂也又棗陽縣南蔡倫宅故彼

土人多能作紙又庾仲雍明州記云應陽縣蔡子池南有石臼云是蔡倫舂紙臼也一云耒陽縣黟歙間多良紙有凝霜於心之號復有長者可五十尺爲一幅蓋歙民數日理其楮然後於長船中以浸之數十夫舉抄以抄之傍一夫以鼓而節之於是以大薰籠周而焙之不上於牆壁也於是自首至尾勻薄如一

蜀中多以麻爲紙有玉屑屑骨之號江浙間多以嫩竹爲紙北土以桑皮爲紙剡溪以藤爲紙

海人以苔爲紙浙人以麥麵稻稈爲之者脆薄焉以麥膏油藤紙爲之者尤佳漢末左伯字子邑又能爲紙故蕭子良答王僧虔書云子邑之紙妍妙輝光仲將之墨一點如漆伯英之筆窮神盡思妙物遠矣邈不可追仲將韋誕字也

宋張永自造紙墨見墨部

蜀人造十色牋凡十幅爲一榻每幅之尾必以竹夾夾和十色水逐榻以染當染之際棄置椎埋堆盈左右不勝其委頓逮乾則光彩相宣不

可名也然逐幅於文版之上研之則隱起花木
麟鸞千狀萬態又以細布先以麪漿膠令勁挺
隱出其文者謂之魚子牋又謂之羅牋今剡溪
亦有焉亦有作敗麪糊和以五色以紙曳過令
霑濡流離可愛謂之流沙牋亦有煮皁莢子膏
并巴豆油傅於水面然點墨或丹青於上以薑
揾之則散以貍鬚拂頭垢引之則聚然後畫之
爲人物舒之爲雲霞又鷙鳥翎羽之狀繁縟可
愛以紙布其上而受采焉必須虛窗幽室明槃

淨水澄神慮而製之則臻其妙也近有江表僧
於內庭造而進上御毫一灑光彩煥發
晉武賜張華側理紙已具敘事中本草云陟釐
味甘大溫無毒主心腹大寒溫中消穀強胃氣
止洩痢生江南池澤陶隱居云此即南人用作
紙者唐本注云此物乃水中苔今取爲紙名爲
苔紙青黃色體澁小品方曰水中粗苔也音陟
釐陟釐與側黎相近側黎又與側理相近也又
云即石髮也薛道衡詠苔紙云今來承玉管布字轉銀鉤

搨紙畫紙法見雜說門

永徽中定州僧修德欲寫華嚴經先以沈香漬水種楮樹俟其拱取之造紙

丹陽記江寧縣東十五里有紙官署齊高帝於此造紙之所也常造凝光紙賜王僧虔一云銀光紙也

林邑記云九真俗書樹葉爲紙

段成式在九江出意造紙名雲藍紙以贈溫飛卿

三之雜說

鄴中記石虎詔書以五色紙著木鳳凰口中令銜之飛下端門

庾永興答王羲之書曰得示連紙一丈致辭一千增其歎耳了無解往懷

江南僞主李氏常較舉人放牓日給會府紙一張可長二丈闊一丈厚如繒帛數重令書合格人姓名每紙出則縫掖者相慶有望於成名也

僕頃使江表覩壞樓之上猶存於數幅

畫品云古畫尤重紙上者言紙得五百年絹得三百年方壞

紙投火中烟起尤損人令肺臟中有所傷座客或云天下神祠中巫祝間少有肥者蓋紙錢烟常燻其鼻息故也

山居者常以紙爲衣蓋遵釋氏云不衣蠶口衣者也然服甚煖衣者不出十年面黄而氣促絶嗜慾之慮且不宜浴蓋外風不入而内氣不出也

亦常聞造紙衣法每一百幅用胡桃乳香各一兩煮之不爾蒸之亦妙如蒸之即恒灑乳香等水令熱熟陰乾用箭簳橫卷而順蹙然患其補綴繁碎今黟歙中有人造紙衣段可如大門闔許近士大夫征行亦有衣之者蓋利其拒風於陰沍之際焉陶隱居亦云武陵人作穀皮衣甚堅好也

今江浙間有以嫩竹爲紙如作密書無人敢拆發之蓋隨手便裂不復黏也

羊續字叔祖以清率下紙布被以敗糊紙補之
時爲南陽守

在昔書契已還簡策作矣至于厥後或以縑帛蔡侯有作方行於世近代以來陰陽卜祝通於幽冥者必翦紙爲幣以賂諸冥漠君每覩諸家玄怪之語或有鬼祈於人而求之者或有賂之而獲洪福者噫遊魂爲變綿古而然漢室已前鬼何所資乎得非神不能自神而隨世之態乎

唐志太學博士上光庭亦有紙錢說文多不錄

杜陽編德宗朝有朱來鳥常噉玉屑聲甚清暢
及爲鷙鳥所搏宮人皆以金花牋寫多心經薦
其冥福
張平子與崔子玉書云乃者朝賀明日讀太玄
經玄四百歲其興乎端力精思以揆其義使人
難論陰陽之事足下累世窮道極微子孫必命
世不絕且幅寫一通藏之待能者幅寫者絹帛
代紙以寫也
邢子才少在洛陽會天下無事專爲山水之遊

時人方之王粲荀一文出京師爲之紙貴

陳後主常令八婦人擘綵牋製五言詩

魏收文襄令爲檄梁文初夜執筆三更便成文過七紙

唐書杜暹爲婺州參軍秩滿將歸吏以紙萬張贈之暹唯受百幅人歎之曰昔清吏受一大錢復何異也

異苑張仲舒在廣陵天雨絳羅牋紙紛紛甚駃非吉兆也

馬融與竇伯向書曰孟陵奴來賜書手跡歡喜
何量次於面也書雖兩紙紙八行行七字延篤
答張惟奐書曰惟別三年夢想言念何日有違
伯英來惠書書盈四紙讀之反覆喜不可言
張奐與陰氏書曰舊念既密文章粲爛名實相
副來讀周旋紙弊墨渝不離於手
羲之永和九年製蘭亭序乘樂興而書用蠶璽
紙鼠鬚筆遒媚勁健絕代更無太宗後得之洎
玉華宮大漸語高宗曰吾有一事從之方展孝

道高宗泣涕引耳而聽言得蘭亭序陪葬吾無
恨矣

鄭虔爲廣文博士學書病無紙知慈恩寺有柹
葉數屋遂借僧房居止取紅葉學書歲久殆徧

歷代名畫記云背書畫勿用熟紙背必皺起宜
用白滑慢薄大幅生紙紙縫先避畫者人面及
要節處若縫之相當則强急卷舒有損要令參
差其縫則氣力勻平太硬則强急太薄則失力
絹素彩色不可擣理紙上白畫可以砧石妥帖

之仍候陰陽之氣調適秋爲上時春爲中時夏爲下時暑溼之時不可也

歷代名畫記云江東地潤無塵人多精藝好事者常宜置宣紙百幅用法蠟之以備摸寫古人好搨畫十得七八不失神彩筆跡亦有御府搨本謂之官搨

搨紙法用江東花葉紙以柿油好酒浸一幅乃下鋪不浸者五幅上亦鋪五幅乃細卷而硾之俟浸漬染著如一 搨書畫若俯止水窺朗鑑之

明徹也初舉子云宜齋入詞場以護試紙逢他物所污

庚闡字仲初造楊都賦成其文偉麗時人相傳爭寫爲之紙貴

漢成帝趙婕妤妒後宮有兒生八九日客持詔記封綠小篋與獄中婦人發篋有裹藥二枚赫蹏書曰告偉能努力飲此藥孟康曰赫蹏染黃素令赤而書之若今黃紙也劉展曰赫音兄弟鬩于牆應劭曰赫蹏薄小紙也互有所說本草拾遺云印紙剪取印處燒灰水服令人絕産

撫州有茶衫子紙蓋裹茶爲名也其紙長連自
有唐已來禮部每年給明經帖書 見茶譜
藥品中有閃刀紙蓋裁紙之際一角疊在紙中
匠人不知漏裁者醫人入藥用
孔温裕因直諫貶郴州司馬有鵲喜於庭兒孫
拜之飛去墜下方寸紙上有補闕字未幾徵還
果有此拜 見因話錄
資暇云松花牋代以爲薛濤牋誤也松牋其來
舊矣元和之初薛濤尚斯色而好製小詩惜其

幅大不欲長贉之乃命匠人狹小爲之蜀中才子既以爲便後裁諸牋亦如是特名曰薛濤牋今蜀紙有小樣者皆是也非獨松花一色

魏人諺邢劭云邢家小兒常作文表自買黃紙寫之而送

司馬消難不知書書架上徒設空紙時人云黃紙五經赤軸三史

蘇綽爲人公正周文推心委任而無間或出遊常豫置空紙以授綽若須有處分則隨事施行

用白藤紙凡赦書德音立后建儲大誅討拜免
宋書謂之制辭諸陵薦告上表內道觀文並
用黃麻紙太清宮內道觀薦告辭文用青藤紙
徵召宣索處分曰詔用白麻紙慰撫軍旅曰書
皆魚牋花牋而已厥後李肇翰林志云凡賜與
唐初將相官告亦用銷金牋及金鳳紙書之餘
今大寮書題上紙籤出於李趙公
南朝有士人宋詹家貧力學常吞紙療飢
及遷啟知而已

三公命相命將並用白藤紙不用印雙日起草隻日宣宰相使相官告並用色背綾金花紙節度使並用白背綾金花紙命婦則金花羅紙吐蕃及贊普書及別錄用金花五色綾紙上白檀木眞珠瑟瑟鈿函金鏁鑰吐蕃宰相摩尼師已下書用五色麻紙南詔及青平官書用黃麻紙

唐朝進士牓頭豎黏黃紙四張以氈筆淡墨袞轉書曰禮部貢院四字或云文皇以飛帛書或云象陰注之象

宣宗雅好文儒鄭鎬知貢舉忽以紅牋筆札一

名紙曰卿貢進士李御名以賜之
孫放西寺銘曰長沙西寺層構傾頹謀欲建立
其日有童子持紙花插地故寺東西相去十餘
丈於是建刹正當紙花處
攝生者尤忌枕高宜枕紙二百幅每三日去一
幅漸次取之迨至告盡則可不俟枕而寢也若
如是則腦血不減神光愈盛矣
神仙傳云李意眞神仙人也蜀先主欲伐吳問
之意乃求紙筆畫作兵馬數十手裂壞之又畫

一大人又壞之先主出軍敗衂

戴祚甄異傳云王肇常在內宿晨起出外妻韓氏時尚未覺而奴子云郎索紙百幅韓視帳中見肇猶臥忽不復見後半載肇亡

王琰冥祥記元嘉八年蒲坂城中大災火里中小屋雖焚而於煨燼下得金經紙素如故

林邑記九眞俗書樹葉爲紙廣州記取穀樹皮熟搥堪爲紙葢蠻夷不蠶乃被之爲褐也

釋迦佛爲磨休王時剝皮爲紙寫大乘經見筆譜

王羲之筆經云以麻紙裹柱根欲其體實得水不脹

搜神記益州西南有神祠自稱黃石公祈禱者持一百幅紙及筆墨放石室中則言吉凶

劉恂嶺表錄異云廣管羅州多棧香樹身似柜柳其花白而繁其葉如橘皮堪作紙名爲香皮紙灰白色有文如魚子牋雷羅州義寧新會縣率多用之其紙慢而弱沾水即爛遠不及楮皮者

四之辭賦

傅咸紙賦

蓋世有質文則理有損益故禮隨時變而器與事易既作契以代結繩兮又造紙而當策夫其爲物厥美可珍廉方有則體潔性貞含章蘊藻實好斯文取彼之弊以爲已新攬之則舒捨之則卷可屈可伸能幽能顯

梁江洪爲傅建康詠紅牋詩

雜彩何足奇惟紅偏可作去灼爍類蕖開輕明

似霞破鏤質卷芳脂裁花承百和不遇情牽人
豈入風流座
又梁宣帝詠紙詩
皎白猶霜雪方正若聯棊宣情且記事寧同魚
網時
薛道衡詠苔紙詩
昔時應春色引淥泛淸流今來承玉管布字轉
銀鉤
梁武威謝官紙啟略云

雖復鄴殿鳳銜漢朝魚網平淮桃花中宮穀樹

固亦慙兹靡滑謝此鮮光

韋莊乞彩牋歌

浣花溪上如花客綠闇紅藏人不識留得溪頭

瑟瑟波潑成紙上猩猩色手把金刀裁綵雲有

時剪破秋天碧不使紅霓段段飛一時驅上丹

霞壁蜀客才多染不供卓文醉後開無力孔雀

銜來向日飛翩翩壓折黃金翼我有歌詩一千

首磨礱山岳羅星斗開卷長疑雷電驚揮毫只

怕龍蛇走班班布在時人口滿軸松花都未有
人間無處買烟霞須知得自神仙手也知價重
連城璧一紙萬金猶不惜薛濤昨夜夢中來殷
勤勸向君邊覓

僧齊已謝人贈綦子綵牋詩

陵陽綦子浣花牋深愧攜來自錦川海蚌琢成
星落落吳綾隱出鳳翩翩留防桂苑題詩客惜
寄桃源敵手仙捧受不堪題出處七千餘里劍
關前

舒元輿悲剡溪古藤文

剡溪上緜四五百里多古藤株枿逼土雖春入土脈他植發活獨古藤氣候不覺絕盡生意予以爲本乎地者春到必動此藤亦本於地方春且死色遂問溪上人有道者言溪中多紙工持刀斬伐無時擘剝皮肌以給其業噫藤雖植物者温而榮寒而枯養而生殘而死亦將似有命於天地間今爲紙工斬伐不得發生是天地氣力爲人中傷致一物疵癘之若此異日過數十

百郡洎東雒西雍歷見言書文者皆以剡紙相夸子寤囊見剡藤之死職止由此此過固不在紙工且今九牧士人自專言能見文章戶牖者其數與麻竹相多聽其語其自安重皆不啻握驪龍珠雖苟有曉寤者其倫甚寡不勝衆者亦皆斂手無語勝衆者果自謂天下文章歸我遂輕傲聖人道使周南召南風骨抑入於折楊皇華中言偃卜子夏文學陷入於淫靡放蕩中比肩握管動盈數千百人人人筆下動數千萬言

不知其爲謬誤日日以縱自然殘藤命易甚桑
葉波波頹沓未見止息如此則綺文妄言輩誰
非書剡紙者耶紙工嗜利曉夜斬藤以鬻之雖
舉天下爲剡溪猶不足以給況一剡溪者耶以
此恐後之日不復有藤生於剡矣大抵人間費
用苟得著其理則不枉之道在則暴耗之過莫
由橫及於物物之資人亦有其時時其斬伐不
爲夭閼予謂今之錯爲之文者皆夭閼剡溪藤
之流也藤生有涯而錯爲文者無涯無涯之損

物不直於剡藤而已予所以取剡藤以寄其悲

周朴謝友人惠牋紙并筆

范陽從事獨相憐見惠霜毫及彩牋三幅緊纏

秋月兎五般方剪蜀江烟宵徵覺有文通夢日

習慙無子諒篇收著不將兩處用歸山間向墨

池前

段成式與温庭筠雲藍紙絶句并序

一日辱飛卿九寸小紙兩行親書云要彩牋十

番録少詩稿子有雜牋數角多抽揀與人既玩

之輕明復用殊靡滑尚愧大庾所得猶至四百枚豈及右軍不節盡付九萬幅因知碧聯綦上重翻懊惱之詞紅方絮中更擬相思之曲固應桑根作本藤角爲封古拙不重蔡侯新樣偏饒桓氏何啻奔走馳騁有貴長簾下筆縱橫偏求側理所恨無色如鴨卵狀如馬肝稱寫璇璣宜題裂錦者予在九江出意造雲藍紙既乏左伯之法全無張永之功輒分五十枚并絕句一首或得閑中暫當藥餌也

三十六鱗充使時數番猶得裏相思待將袍襖

重抄了盡寫襄陽播掿詞今飛卿集中有播掿詞恐播掿字誤

文嵩好時侯楮知白傳

楮知白字守玄華陰人也其先隱居商山之白花谷因谷氏焉幼知文多爲高士之首冠自以材散不仕殷太戊失德于時與其友桑同生入朝直諫拱於庭七日太戊納其諫而修德以致聖敬日躋因賜邑于楮其後遂爲楮氏二十二代祖枝因後漢和帝元興中下詔徵巖穴隱逸

舉賢良方正之士中常侍蔡倫捜訪得之於耒陽貢于天子天子以其明白方正舒卷平直詩所謂周道如砥其直如矢者也用箋史官以代簡冊尋拜治書侍御史奉職勤恪功業昭著帝用嘉之封好畤侯其子孫世修厥職累代襲爵不絕博好藏書尤能編繕自有文籍以來經譜典策及釋道百氏之書無不載之素幅遇其人則舒而示之不遇其人則卷而懷之終不自矜其該博晉宋之世每文士有一篇一詠出於人

口者必求之繕寫於是京師聲價彌高皆以文章貴達歷齊梁陳隋已至今朝廷益甚見用知白爲人好薦賢汲善能染翰墨與人鋪舒行藏申冤雪恥呈才述志啟白公卿台輔以至達于天子未常有所艱阻隱蔽歷落布在腹心何秪於八行者歟知白家世自漢朝迄今千餘載奉嗣世官功業隆盛簿籍圖牒布於天下所謂日用而不知也知白以爲不失先人之職未嘗輒伐其功與宣城毛元鋭燕人易玄光南越石虛

中爲相須之友每所歷任未嘗不同知白自國
子受牒補主簿直弘文館爲書吏所賂因潤而
墜之當軸素知廉潔憐而不問他日方戒而用
之是以其道益光曾無背面累遷中書舍人史
館修撰直筆之下善惡無隱明天子御宇海內
無事志於經籍特命刊校集賢御書書成奏之
天子執卷躬覽嘉賞不已因是得親御案乃復
嗣爵好畤侯
史臣曰春秋有褚師氏爲衞大夫乃中國之華

族也好時侯楮氏葢上古山林隱逸之士莫知其本出然而功業昭宣其族大盛爲天下所利用矣世世封侯爵食不亦宜乎

世說戴安道就范宣學所謂范讀書亦讀書范抄紙亦抄紙

光緒七年歲在重光大荒落吳興陸氏十萬卷樓開雕

陸心源校

文房四譜卷第四

图书在版编目（CIP）数据

纸谱 / 王承略，梁宗华，李梅训主编 . -- 北京：高等教育出版社，2025. 3. -- ISBN 978-7-04-063649-9

Ⅰ . TS766

中国国家版本馆 CIP 数据核字第 2025T5A582 号

纸谱
ZHI PU

策划编辑 包小冰　　责任编辑 包小冰　　封面设计 王 鹏　　版式设计 于 婕
责任印制 赵 佳

出版发行	高等教育出版社	网　　址	http：//www.hep.edu.cn
社　　址	北京市西城区德外大街 4 号		http：//www.hep.com.cn
邮政编码	100120	网上订购	http：//www.hepmall.com.cn
印　　刷	北京中科印刷有限公司		http：//www.hepmall.com
开　　本	880mm × 1240mm　1/16		http：//www.hepmall.cn
印　　张	3.5		
字　　数	62 千字	版　　次	2025年 3 月第 1 版
购书热线	010-58581118	印　　次	2025年 3 月第 1 次印刷
咨询电话	400-810-0598	定　　价	22.00 元

物 料 号　63649-00